Dedico este livro ao meu amigo Diogo (por sempre me cobrar o livro pronto),
à minha esposa Júlia (por me apoiar e me ajudar na finalização),
e à minha família, por todos os bons exemplos ao longo da vida.

Antes de começar a ler o conteúdo deste livro é importante que você entenda de uma vez por todas o que significa a tão falada "liberdade financeira".

Primeiramente, liberdade financeira não é a mesma coisa que independência financeira (acho melhor escrever um livro sobre este tema depois). A independência financeira vem quando, após o acúmulo de capital ou ativos, o rendimento dos mesmos cobrem suas necessidades mensais, ou seja, você não depende de nenhuma outra fonte de renda para complementação dos seus gastos.Já a liberdade financeira, pode ser considerada como a liberdade para tomar suas decisões financeiras com maior tranquilidade, ou seja, sem dívidas e com capital sendo acumulado, mês a mês, estrategicamente, para atingir seus objetivos.

Ao longo dos últimos 8 anos, tempo em que venho investindo meu capital, tive a oportunidade de conversar com todo tipo de pessoa, pobre, rico, analfabeto, doutor, trabalhador, *bonvivant*, europeu, americano, africano, latino, asiático, enfim, todo tipo de pessoa mesmo. Sabe o que a maioria dessas pessoas tinham em comum? Péssimos hábitos financeiros. Isso mesmo.A maioria delas irá passar a vida toda com a "corda no pescoço" no fim do mês. Só pra você ter uma ideia, no período que trabalhei na África conheci um camarada que recebia nada mais, nada menos, que o equivalente a R$ 40.000,00 (5 anos atrás) mensais. Sabe o que acontecia, todos os meses? Depois do dia 20, era racionamento geral até o próximo mês por que o salário já tinha acabado.

A moral da história é a seguinte: "Não importa se você ganha muito ou pouco. O importante é o que você faz com que você ganha."

Por isso, se você chegou até aqui, acredito que esteja procurando por um plano de voo para sua vida financeira. Então, sem mais conversa, vamos aos hacks.

Ah...

Introdução rápida sobre o que é um "hack".

O "hack" é um termo bastante usado no mundo das ciências da computação. Se trata de alguma técnica útil, ou jogo de cintura, que pode ajudar o usuário a conseguir alguma melhoria em um programa ou afins.Mas os hacks não se limitam apenas ao mundo tecnológico, eles também podem ser aplicados no dia a dia, como hábitos que ajudam a melhorar a saúde, estado mental, finanças, relacionamentos e por ai vai.

Beleza, bora lá.

HACKEANDO SEU DINHEIRO – 38 PASSOS PARA ALCANÇAR SUA LIBERDADE FINANCEIRA

CAPITULO 1 – HACKEANDO suas finanças.

"Se você conhece o inimigo e conhece a si mesmo, não precisa temer o resultado de cem batalhas. Se você se conhece, mas não conhece o inimigo, para cada vitória ganha sofrerá também uma derrota. Se você não conhece nem o inimigo nem a si mesmo, perderá todas as batalhas..." Sun Tzu

Hack#1 Tenha total controle de suas finanças

O que aconteceria com uma empresa que fecha seu caixa mês após mês no negativo? Com toda certeza iria à falência, correto? Você faria uma sociedade com um empresário que tem gastos mais elevados que as receitas geradas? Não, correto?

Portanto, eu quero que a partir de hoje você se considere uma empresa. Empresas não compram o que não precisam, pesquisam antes de contratar qualquer serviço, pagam suas contas em dia, evitando adição de juros, e sempre visam o futuro, planejando hoje para ganhar amanhã.

Você não pode agir diferente se deseja ter liberdade financeira. Lembre-se, liberdade exige responsabilidade. Você nunca será livre financeiramente se tratar suas finanças de forma irresponsável. Então entre no Google e pesquise "planilha de controle financeiro" e escolha uma.

Com essas planilhas você acompanhará de perto onde suas finanças estão sendo utilizadas, e para dar certo você deve ser bastante criterioso. Deve anotar desde aqueles R$ 2,00 do "Guaravita no China" até aquele vestido de R$ 800,00 que você comprou pra virada do ano. Nenhum gasto é pequeno demais. Quando você terminar, verá o quanto é gasto em coisas completamente desnecessárias.

Hack# 2 Registre todas as suas despesas.

Como você pretende controlar suas finanças se você não sabe exatamente o quanto gasta por mês? Poderia ser uma continuação dentro do Hack#1, mas essa parte é tão importante que eu resolvi abrir um espaço especial só pra ela.

Saber o quanto se gasta por mês é um hábito, e como todo hábito exige uma rotina estabelecida. Você deve separar algumas horas, sejam elas diárias, semanais ou mensais, exclusivamente para o registro de suas despesas. Confesso que inicialmente, pode ser uma atividade um tanto quanto "tediosa", porém com o passar do tempo ela estará fixada em sua mente.

Não tem jeito e nem conversa, este é o primeiro passo para quem quer começar a fazer o próprio controle financeiro. Para ajudar nesta tarefa, você tem duas opções:

1. Anotar cada uma das suas despesas em uma planilha de gastos. Para isso você pode recorrer ao "oráculo" Google.

Ou;

2. Escolher uma, das milhares, ferramentas de controle financeiro disponíveis nas mais exclusivas casas de aplicativos (Play Store, AppStore, Microsoft Store) disponíveis no mercado, que puxam todas as suas movimentações bancárias automaticamente, salvando algumas horas de anotações.

Não importa como, você deve manter um controle apurado de seus gastos. Só assim você poderá realizar as alterações necessárias em seus padrões de consumo, pavimentando o caminho para sua liberdade financeira.

Hack# 3 Crie metas para seus gastos

Se você já sabe exatamente o quanto você gasta por mês, está na hora de criar metas para suas despesas. Existem diversas combinações de porcentagens para divisão de orçamento. Para facilitar o entendimento, utilizei a famosa proporção 50-15-35.

– 50% da renda para os gastos essenciais: todos aqueles necessários para você se manter no dia a dia, como moradia, alimentação, transporte, educação, etc.
– 15% da renda para prioridades financeiras: se você estiver endividado, sua prioridade será quitar as dívidas. Se não, poupar e investir para o futuro.
– 35% da renda para estilo de vida: todos os gastos relacionados a hobbies e lazer, como academia, salão de beleza, compras no shopping, etc.

As porcentagens acima facilitam a identificação do que pode ser cortado rapidamente ou não. Se cerca de 60% das suas despesas são direcionadas para as despesas essenciais é o momento de analisar onde pode cortar ou reduzir gastos. Seus gastos essenciais devem corresponder com sua renda, como diz o ditado "não fique pobre tentando parecer rico". Se o seu aluguel está muito alto, consiga um local mais barato ou vá dividir um apartamento com um amigo.

No caso da renda destinada a estilo de vida, vale lembrar que esta é totalmente supérflua, ou seja, não essencial. Se você está endividado, use a renda do estilo de vida para quitar seus compromissos. Use esses 35% como um limite máximo, porém que possa ser reduzido em caso de necessidade.

Hack# 4 Despesas para cima, renda para baixo

Na hora em que estiver criando as metas para seu orçamento, arredonde sempre as despesas para cima e a renda para baixo. Dessa forma você cria aquela "gordurinha" pra queimar se o mês ficar apertado e evita o uso de crédito bancário com taxas astronômicas.

Vamos aos exemplos:

Se você recebe R$ 1.890,00 por mês, considere que você tenha de renda mensal R$ 1.800,00. Com isso você já garante aproximadamente 5% de "respiro" no final do mês. A regra é a mesma se você recebe R$18.900,00.

Já no caso das despesas, se você tem uma conta de celular de R$ 85,90, você pode arredondar pra R$ 90,00. Se sua conta de luz gira em torno de R$ 112,00, considere que ela como R$ 120,00.

Esse Hack é excelente por que com ele seu caixa sempre fica positivo.

CAPÍTULO 2 - HACKEANDO suas dívidas

Agora que você já tem o controle de suas finanças, está na hora de você matar o inimigo número 1 da sua liberdade financeira. Sim companheiro (a), estamos falando das suas dívidas.

Não adianta! Os juros das dívidas irão destruir qualquer lucro que você tenha com investimentos. Então nada de fantasias por aqui! Se você tem dívidas, aplique os hacks abaixo e você estará no caminho certo rumo a sua liberdade financeira.

Hack #5 Foque em acabar com suas dívidas

Se você está endividado, sua prioridade financeira deve ser quitá-las. Se conseguir pagar à vista, é preferível, assim, conseguirá um bom desconto nos juros. Se não, faça uma contraproposta aos credores para conseguir parcelas que caibam no seu orçamento. Caso esteja em modalidades caras de crédito, como cheque especial e rotativo do cartão de crédito, avalie pegar um empréstimo com juros menores, como o oferecido pelo Just. Com o dinheiro, você quita suas dívidas e passa a pagar menos juros.

O brasileiro tem muita vergonha de pedir desconto e, por uma questão cultural decorrente dessa característica, quem faz uma negociação de dívida muitas vezes acaba abrindo mão de apresentar uma contraproposta para o credor. A vergonha de barganhar geralmente custa caro, muito caro. Lembre-se que o interesse de receber por parte do credor é grande. Nesse momento, quem está pagando pode e deve apresentar uma proposta justa, mas que caiba dentro de do orçamento (por isso a importância do diagnóstico e da priorização). Não tenha vergonha de buscar condições melhores e de discutir as taxas de juros que são cobradas. Se não sair um acordo, busque ajuda nos órgãos de apoio e defesa do consumidor.

Hack #6 Concentre seus pagamentos

Sua mente é moldada por hábitos. Organizar seus pagamentos ajuda a reduzir o risco de pagamento de juros por conta de esquecimentos. Uma forma de organizar seus pagamentos é mudar a data de vencimento de todas as suas contas para o mesmo dia, de preferência logo após o dia em que você recebe seu pagamento.

Com um dia determinado em seu calendário para o pagamento de todos os seus compromissos, você desenvolve o hábito de pagar suas contas em dia. O dinheiro entra e você paga tudo o que deve, antes mesmo de pensar em gastar com outra coisa.

Hack #7 Poupe o que for possível

Tudo bem que o ideal é guardar 15% da sua renda, mas se você está endividado dificilmente você conseguirá reservar esse valor para a poupança neste momento. O segredo então é poupar o que for possível até você conseguir se reestruturar: R$ 5 ou R$ 10. Não importa o quanto. A grande sacada aqui é criar o hábito de poupar.

Como falei no Hack #6, nossa mente é moldada por hábitos. Por exemplo, existem padrões que seguimos sem nenhum questionamento, pois fomos moldados desde pequenos. Tomar banho, escovar os dentes...

Por isso, se você criar o hábito de poupar, você estará moldando sua mente a separar uma quantia dos seus ganhos todos os meses.

CAPÍTULO 3 - HACKEANDO seu bolso

"Cuidado com as pequenas despesas. Um pequeno vazamento afundará um grande navio". Benjamim Franklin

Agora que você aprendeu como acabar com suas dívidas, iremos moldar seus hábitos de gasto e a forma como você trata seu dinheiro. Após esse capítulo, você estará vacinado contra o endividamento.

Hack #8 Pague Em Dinheiro!

Tente sempre negociar os preços dos produtos que você for comprar.

Você pode tentar negociar pelo valor que você pretende levar de mercadorias ou serviços ou por forma de pagamento. Sugiro sempre tentar negociar por forma de pagamento, porque negociando por quantidade você pode acabar gastando mais que estava disposto para alcançar o seu objetivo.

Uma dica que dou para quem quer negociar a forma de pagamento é utilizar dinheiro. Assim você pode pedir um desconto a mais, porque não irá usar a máquina de cartão de crédito do vendedor. Isso irá economizar taxas tanto para ele quanto para você!

Acaba sendo um "Ganha-Ganha". É esse tipo de relação que buscamos quando queremos negociar. Não necessariamente alguém deve sair prejudicado. Essa deve ser a sua mentalidade para convencer o vendedor a dar um bom desconto para você.

Caso você aja de forma a um ganhar e outro perder, o vendedor não irá gostar de negociar com você. Lembre-se, da mesma forma que os compradores gostam de ser bem atendidos, os vendedores gostam de ser bem tradados.

Hack #9 Invista Primeiro, Gaste depois

Vamos lá....

Quando você recebe seu salário, o que você faz primeiro?

Vai ao Shopping.

Paga as contas do mês.

Vai pra Balada.

Nenhuma das anteriores.

Pois bem. O ideal é que sua primeira atitude ao receber seu pagamento seja separar o que você já determinou como percentual de investimento. Sejam 10, 20, 30 ou 40%, eles devem ser investidos antes de qualquer coisa. Lembra do "sua mente é moldada por hábitos"?

Acontece que nós temos o péssimo hábito de deixar nossos investimentos por último e quando qualquer imprevisto acontece, qualquer mesmo, a primeira coisa que fazemos é retirar parte do capital que deveria ser investido para tapar o "buraco" do orçamento.

Então, nada de enrolo. Recebeu o pagamento, corra para sua conta e faça a transferência dos seu quinhão para poupança ou conta em corretora.

Hack #10 Esconda seu dinheiro de você

Se voltarmos no Hack#6 (Invista primeiro, gaste depois), o maior problema de investir depois de gastarmos é que geralmente não sobra o planejado,quando sobra alguma coisa. Esse problema se repete quando temos acesso fácil a nossa reserva de capital. É acontecer o menor dos imprevistos, e lá vamos nós saquear o cofrinho.

Falando nisso, porque vocês acham que o porquinho era originalmente quebrável? Pra grana só ser retirada quando o bicho estivesse cheio. Hoje em dia temos porquinhos de tudo quanto é tipo, cabeça removível, com chave, barriga com fundo falso e por aí vai... Tudo quanto é maneira de "roubarmos" o pobre do bicho.

Mas voltando ao assunto, o ideal é possuir uma poupança em um banco separado de sua conta principal. Dessa forma, você dificulta o transito da sua grana. Minha forma predileta é transferir pra minha conta corretora e investir nas minhas ações, fundos ou títulos já planejados.

Hack #11 Planeje se sua renda for variável

Profissionais autônomos e liberais costumam ter dificuldade em planejar sua renda mensal, que varia bastante. A dica é olhar para os últimos 12 meses e identificar a renda máxima, a mínima, a média e a sazonalidade (os meses em que você costuma ganhar mais e menos).

De preferência, os gastos essenciais para o dia a dia devem caber na renda mínima. Nos meses em que ganhar acima da média, mande a diferença para a poupança.

Exemplo: renda mínima de R$ 3 mil, renda máxima de R$ 5 mil e renda média de R$ 4 mil. No mês em que você ganhar R$ 4,5 mil, deve enviar R$ 500 para a poupança.

Outra forma de planejar sua renda mensal é se comportar como um empregado de sua própria empresa. Como assim? Determine o percentual de cada trabalho que será seu salário e o restante transfira pra conta da sua empresa, funcionando como uma espécie de pro labore.

Exemplo: serviço executado R$ 300,00, salário referente ao serviço R$ 120,00 (40%) e porcentagem da empresa R$ 180,00 (60%). A porcentagem da empresa deve cobrir todos os custos do serviço executado + alguma margem de lucro para investimento futuro.

Então daqui pra frente, nada de pensar que o que você recebe por serviço executado é o seu salário.

Hack #12 Estabeleça metas

Você pode ter o melhor GPS do mundo nas mãos, porém se não souber aonde quer chegar, você ficará andando em círculos. O mesmo acontece com suas metas financeiras. "Quero ficar rico" não é uma meta, é um desejo. "Quero acumular 1 milhão de reais em 10 anos", isso sim é um objetivo, mensurável e com prazo. Nosso cérebro é um máquina muito eficaz, se pensarmos abstratamente, ele não criará caminhos para executarmos nosso pensamento. Agora quando pensamos de forma em detalhes (valor e prazo), nosso cérebro é compelido a encontrar todos os meios possíveis de execução do pensamento.

Quando for estabelecer suas metas financeiras, pense com riquezas de detalhes, quanto mais detalhado melhor. Por exemplo, quando você pensa em seu objetivo "Quero acumular 1 milhão de reais em 10 anos", seu cérebro pode primeiramente pensar em acumular R$ 8.333,33 todos os meses até o fim dos 10 anos, depois em utilizar a poupança para se aproveitar dos juros compostos e somente ter de juntar R$ 5.900,00 todos os meses e quando se expandem os horizontes ele poderá te indicar o caminho para um investimento que irá te render 1% ao mês, onde o montante que deverá ser acumulado passará para R$ 4.400,00.

Lembre-se do ditado "se você consegue ver em sua mente, você pode alcançar."

Uma estratégia interessante é compartilhar seu orçamento com alguém de confiança e falar que você precisa poupar 30% da sua renda! Quando nos comprometemos com alguém, tendemos a ser mais responsáveis, até porque não queremos decepcionar as pessoas.

Você quer quitar suas dívidas? Até quando? Quer juntar dinheiro para comprar um carro? Daqui a quanto tempo? Quer ter R$ 1.000.000,00 na conta? Com quantos anos? Quando as metas têm data ficamos mais motivados para cumpri-las no prazo.

Hack #13 Dê férias ao cartão de crédito

Na fase de reeducação financeira, é muito importante que você crie uma consciência do seu poder de compra e resistência a gastos desnecessários ou elevados.

O grande problema do cartão de crédito é nos dar a falsa impressão de que temos uma renda maior do que na realidade. Além disso, por conta da facilidade nas transações com o cartão, acabamos não tendo noção do volume gasto / comprometido mensalmente.

Veja bem, na maioria das vezes não saímos com grandes volumes de dinheiro de casa, ou seja, se você está limitado a quantidade de dinheiro que você tem no bolso, automaticamente não irá gastar mais do que tem. Por exemplo, uma forma para não gastar mais do que o planejado no supermercado ou no shopping é ir fazer compras com o dinheiro contado na carteira. Assim nos preocupamos mais em saber quanto estamos gastando e caso o valor final ultrapasse nossa meta, seremos obrigados a deixar algumas coisas na prateleira.

Dessa forma, se você está aprendendo como economizar dinheiro, tire o cartão de crédito da carteira por alguns meses e pague tudo à vista.

Hack #14 Pare de se consolar com compras

Depois de uma semana difícil de trabalho, é muito comum cedermos a um impulso de consumo com o pensamento "eu mereço comprar isso". A questão, entretanto, não é de merecimento. É claro que você merece, afinal, você trabalhou duro, mas a questão nessa situação é priorizar (ou não) seus objetivos financeiros.

Seja firme com você mesmo e pense que quanto mais você prioriza seus objetivos financeiros, mais próximo você se encontra de sua liberdade financeira. Cada tentação que superamos reforça nossos novos hábitos. Você não estará deixando de consumir, você estará trocando um hábito ruim (comprar por impulso) por um hábito ótimo (investir em sua liberdade financeira). As primeiras semanas sempre são as mais difíceis, porém "depois da tempestade vem a bonança".

Hack #15 Fale sobre dinheiro em família

Se você é casado, o tema finanças deve fazer parte do dia a dia do casal. Se têm filhos, o mesmo vale para a família. Transparência e sinceridade são os caminhos mais fáceis para conseguir reorganizar as finanças familiares.

Vamos lá, pense em um barco à remo onde os tripulantes são os membros da sua família. Se cada um rema em uma direção, dificilmente o barco irá para algum lugar, porém quando todos remam em uma única direção, com perfeita harmonia, não importa o quão distante o objetivo esteja, esse barco irá chegar ao destino.

Então sugiro que o planejamento financeiro seja algo discutido periodicamente com todos os membros da família, para que todos estejam com uma só visão, um só objetivo.

Hack #16 Peça mais coisas emprestadas

Quantas vezes no ano você usa uma furadeira? E um vestido longo de festa? Vivemos em uma sociedade onde o consumo é superestimado. Compramos para sermos aceitos, nos sentirmos melhor, agradar alguém ou até mesmo, acredite se quiser, sem motivo nenhum.

É preciso mudar a cultura de que precisamos ter tudo. Em vez de comprar, por que não pedir emprestado essas coisas do vizinho ou de uma amiga? Você não só estará criando um hábito saudável de não comprar coisas que serão utilizadas somente uma vez, como também irá economizar algumas centenas de reais.

Caso seu vizinho ou amiga não tenham o que você precisa, existem aplicativos para se pegar coisas emprestadas. Já ouviu falar no aplicativo "Tem Açúcar?"? Nele você consegue fazer pesquisas sobre quem tem e pode emprestar o que você precisa.

Hack #17 Avalie antes de comprar

Se você realmente precisa comprar um item, existem 3 perguntas que você precisa responder antes de seguir em frente:

Porque eu preciso?

Essa pergunta funciona como um Firewall para compras desnecessárias. Responda sinceramente porque você precisa deste item. Se sua mente falhar ao tentar motivos que justifiquem sua compra, então esse item é desnecessário.

Preciso de um item NOVO?

Um dia desses comprei um aspirador de pó novinho no OLX, por 25% do preço do mesmo item novo na loja. Então, se o que você precisa, não necessariamente tem que ser 0km, comece a pesquisar opções de usados.

Quanto custa?

Pesquisa de mercado é a etapa mais importante da sua compra. Com ela você consegue melhores propostas sobre o que você quer comprar. Quer saber qual o valor do que você quer comprar nos últimos 12 meses? O Buscapé tem uma ferramenta que mostra a oscilação em máximas e mínimas do preço de produtos. Vale muito à pena verificar esse histórico para definir o que seria um preço justo.

Com essas 3 perguntas respondidas, você estará apto a realizar uma compra sem arrependimentos.

Hack #18 Separe um dia por mês para não comprar nada

Mais do que uma necessidade, consumir acaba virando um hábito e é aí que surge o perigo das compras por impulso. O nosso comportamento, as nossas escolhas e ações estão extremamente ligados aos hábitos, desde os exercícios físicos que praticamos (ou não), à nossa alimentação e preocupação com provas e exames, praticamente tudo a nossa volta é fruto de um hábito. Hábitos não são eliminados, mas sim substituídos por outros hábitos, logo o que você precisa fazer é trocar um hábito ruim por um hábito bom.

Para iniciar a essa troca você precisa fortalecer o seu hábito bom, pra isso separe um dia por mês para não gastar absolutamente nada. Leve comida de casa para o trabalho, pegue uma carona e nada de cafezinho depois do almoço. Você verá que é, sim, possível viver sem gastar tanto.

Hack #19 Não ignore os pequenos gastos

Um cafezinho depois do almoço e o lanchinho da tarde não fazem diferença no seu orçamento, certo? Errado! Algumas pessoas acabam ignorando os pequenos gastos do dia a dia sem perceber que, muitas vezes, eles são os principais vilões do orçamento. Isso por que esses gastos pequenos ocorrem várias vezes e se somarmos todos esses pequenos custos no final do mês teremos uma grande surpresa.

Por isso, todos seus cafezinhos, lanches, doces e afins devem entrar na conta dos seus gastos mensais. Você irá se surpreender com o quantas vezes R$ 2,00, R$ 4,50 e R$ 7,00 irão aparecer na sua planilha.

Hack #20 Evite comer fora

Com o preparo da comida em casa, você pode usar temperos mais saudáveis e preparar as suas refeições com alimentos mais balanceados, comendo dessa forma, você terá mais qualidade de vida e seu corpo agradecerá.

Tem dias que não tem jeito, mas procure evitar as refeições fora de casa sempre que possível. Leve comida de casa para almoçar no trabalho, principalmente se estiver de dieta (risos). É difícil resistir às inúmeras tentações alimentares dos restaurantes, não é? Fica difícil não provar a lasanha, o frango frito, a feijoada ou até aquele pudim de leite condensado na sobremesa. Se levar a marmita não correrá esse risco e irá economizar uma boa quantia de dinheiro!

CAPÍTULO 4 – HACKEANDO seu estilo de vida

Menos é Mais, muito Mais.

Hack #21 Aproveite os pequenos prazeres da vida

Uma volta no parque, um mergulho na praia, um "rolê" de bike ou um filme com pipoca podem ser bem mais divertidos e recompensadores do que programas caros.

Você não precisa passar o fim de semana inteiro trancado em casa, mas se você costuma sair sexta, sábado e domingo, abrir mão da balada em um desses dias terá um grande impacto sobre suas finanças.

Trocar o restaurante por um jantar no apê com os amigos também é uma boa pedida Cada um leva um ingrediente, um prato, ou um par de garrafas de vinho. Uns levam a sobremesa. Outros levam o pão e antepastos. Chamar os amigos em casa para um almoço ou jantar é algo divertido, além de ser muito mais econômico que um restaurante. Imagine a conta num restaurante bacana, com uma turma de 10 a 15 amigos, adicione 10% de serviço e o Uber. Imaginou? Pois é. Dá pra fazer de vez em quando, mas nem sempre.

Comece a valorizar mais as coisas simples da vida. Sua mente e seu bolso agradecem.

Hack #22 Use Cupons!

Pensou em consumir? Dê uma "olhada" em alguns sites de cupons! Garanto que você não irá se arrepender.

Sites como Peixe Urbano, SaveMe, Cuponomia e IGcupons oferecem descontos imperdíveis para restaurantes, programas culturais, viagens, tratamentos estéticos, eletrodomésticos e produtos em geral. Comece a frequentar esses portais para ficar a par das promoções e aproveitar as ofertas. Alguns minutos de pesquisa podem te render descontos de 30%, 40%, 50% ou até mais, a depender do que você esteja procurando.

Como venho dizendo nos últimos hacks, é sempre importante se planejar, evitando ao máximo gastos de última hora, que convenhamos, sempre saem um pouco (ou muito) do orçamento.

Hack #23 Se exercite!

Falta de dinheiro não é opção para deixar de fazer exercício físico.Vou te falar uma verdade, o que você não investe (isso mesmo, se exercitar é um investimento e não um gasto) se exercitando, provavelmente você irá gastar com remédios, tratamentos ou produtos "fitness" (aquelas comidas caras pra quem está com a consciência pesada ou qualquer coisa que prometa ter gosto de bacon e não engorde).

Vamos lá, se a grana está curta e você está com pouco tempo porque está trabalhando pra esticar essa grana, vá no Youtube e digite "treino hit em casa". Pronto, você teráem mãoscerca de 300 mil treinos diferentes que levam menos de 30 min e vão te fazer tão bem quanto (ou melhor que) qualquer academia.

Vou te falar, o exercício físico (pelo menos 3 vezes na semana) me faz muito bem. Sério, sem ele eu não consigo dormir direito, fico puto, engordo feito uma leitoa de natal e não produzo bem durante o dia.

Se está ruim, poupe a mensalidade da academia criando o hábito de se exercitar em casa ou ao ar livre.

Hack #24 Viaje + com -

Considerando que você já tenha mudado seu hábito de compras impulsivas e desnecessárias, aqui vai uma dica que me garante uma viagem pra fora (e algumas dentro) do Brasil todo ano.

Lembra o programa de recompensas do cartão de crédito? Uma ótima opção para resgatar os pontos é convertê-los em milhas para passagens áreas ou qualquer coisa que você precise. Atualmente eu transfiro minhas milhas do cartão para a plataforma Mutiplus (já utilizei a da Smiles também) e lá troco por passagens, diárias em hotéis ou qualquer outra coisa de interesse.

Na hora de escolher a estadia, você também tem a opção de visitar sites que selecionam albergues como HostelWorld ou casas, apartamentos, quartos e sofás para alugar em diversas partes do mundo como o Airbnb.

Existem, ainda, possibilidades de trocar alguma de suas habilidades (como tirar fotos, ordenhar vacas, organizar festas, limpar a casa, consertar coisas) por hospedagem (e dinheiro). Acredite em mim sua viagem vai sair bem mais barata.

Boas dicas de portais para aproveitar as oportunidades acima são:

– Couchsurfing.co

– Worldpackers

Hack #25 Apague a Luz

Prezado, se você não possui o hábito de apagar a luz dos locais que você não está utilizando, você está literalmente rasgando dinheiro. O custo da energia elétrica vem aumentando exponencialmente e deixar luz acesa "de bobeira" não faz sentido nenhum.

Então a dica aqui é bem direta, saiu do cômodo, apague as luzes. Faça isso por algumas semanas e se tornará um hábito.

Hack #26 Compre um filtro de água

Segundo a Organização Mundial da Saúde, a média de consumo ideal de água por dia deve ser de 2 Litros. Agora vamos lá, se você mora sozinho, consome aproximadamente 3 galões de 20 Litros por mês. No meu bairro, o custo de 1 galão é de aproximadamente R$ 10,00, ou seja, R$ 30,00 por mês ou pra ficar melhor R$ 360,00 por ano. Um filtro de torneira custa em torno de R$ 100,00 e o filtro (interno) que deve ser trocado todo ano, aproximadamente R$30,00. Resumindo, você prefere pagar R$ 130,00 (no primeiro ano, e posteriormente apenas R$ 30,00) ou R$ 360,00 (se for só você na casa, podendo ser ainda mais..)?

Então estamos conversados. Compre um filtro.

Hack #27 Prefira o pré-pago.

Na era dos aplicativos é impressionante o quanto a gente gasta em pacotes de internet móvel. Isso é um problema e é ainda maior se seu pacote for pós-pago. Os planos pós-pagos não têm limites e acabam favorecendo gastos maiores no celular.

Se sua internet ou minutos de ligação para outras operadoras acabaram, não espere uma ligação de sua operadora informando que seu gasto irá ultrapassar o valor contratado. A surpresa vem sempre no final do mês e por conta da dificuldade que é achar um atendente pra cancelar ou trocar o pacote, acabamos aceitando os gastos elevados.

Para combater esse gasto desnecessário use um plano pré-pago. Nos planos pré-pago e controle, quando os créditos acabam, você não consegue mais usar o celular, a não ser que o carregue de novo. Se isso acontecer, você certamente vai maneirar mais da próxima vez.

Hack #28 Alimente-se bem

Isso pode parecer uma dica de saúde, mas comer bem também faz bem para o seu bolso. É como abastecer o seu carro com combustível adulterado, inicialmente o motor não apresenta problemas, mas quanto mais você anda com esse combustível, mais o seu carro te traz "dor de cabeça".

Quem mantém uma alimentação saudável e equilibrada adoece menos e, logo, gasta menos no médico. Se você não tem tempo para preparar seu próprio alimento, evite produtos processados ou industrializados, pois esses são os grandes vilões de uma alimentação balanceada. Lembre-se quanto menos embalagens você abrir, mais saudável você será.

Se você não tem ideia de como se alimentar saudavelmente, existem milhares de conteúdos na internet te ensinando como escolher e preparar seus alimentos, bem como quais os intervalos devem ser respeitados entre as refeições.

Aqui vão alguns sites:

https://www.minhavida.com.br/

https://www.tuasaude.com/

http://www.alimentacaosaudavel.org/

CAPÍTULO 5 – HACKEANDO seu *mindset*

Nesse capítulo você aprenderá como hackear seu *mindset* e transforma-lo em uma máquina de oportunidades.

Hack #29 Desapegue

Você provavelmente tem um caminhão de coisas em sua casa que estão fora de uso por meses ou até mesmo anos, verdadeiros depósitos de poeira e desculpas do tipo "um dia vou usar". Quer exemplos? Aquela bicicleta ergométrica que você comprou para não ter que ir na academia, o skate que comprou pra andar com seu filho, o videogame que já está ultrapassado, o ventilador que nunca mais foi ligado depois do ar-condicionado, aquela sanduicheira que nunca saiu da caixa do seu chá de panela, aquele celular que trincou a tela, aquela barra de porta que você nunca mais usou e por aí vai.

A verdade é que somos seres consumistas e altamente influenciáveis, tendendo sempre a ter mais do que o necessário e por isso precisamos desapegar (leia vender ou trocar) das coisas que não utilizamos. Todos os dias, milhões de reais são gerados em negócios no OLX e Mercado Livre. Todos os dias tem gente comprando e vendendo.

A dica aqui é simples, faça uma lista de todas as coisas que você não usa há mais de 6 meses, na maior parte dos casos se trata de algo que você não precisa. Acredite em mim, tem sempre alguém querendo pagar barato por algo que está parado na sua casa por meses sem ser utilizado. Quem sabe você pode até fazer alguns milhares de reais com alguns desapegos, que só precisam de um celular e boa vontade para dar certo.

Vá e vença!

Hack #30 Save Your Money

Sem dívidas, você deve poupar pelo menos 15% da sua renda todos os meses. Sem desculpas. Se achar difícil guardar, por exemplo, R$ 600 por mês, divida a meta por semana (R$ 150) ou até dia (R$ 20). Encare a poupança mensal como mais uma de suas despesas, no dia em que seu salário cair, já mande para a poupança o valor que você se propôs a guardar. Imagine que sua poupança mensal é mais uma conta que tem vencimento e não pode deixar de ser paga. Se preferir, alguns bancos oferecem opções de depósitos programados, ou seja, todo mês na data selecionada eles retiram de sua conta corrente o valor acordado e depositam diretamente na sua poupança.

A verdade é que você deve criar o hábito de guardar uma parte do seu dinheiro para emergências e investimentos. Quem não possui dinheiro guardado perde excelentes oportunidades de investimento ao longo da vida, seja aquela casa que está saindo pela metade do preço ou aquela ação que está desvalorizada devido ao cenário político. Quem deseja ter a tão sonhada liberdade financeira deve manter sempre boa parte do seu capital pronto para investir.

Lembre-se do ditado "Quem guarda, têm".

Hack #31 Guarde o extra

Recebeu um dinheiro extra? Guarde!

Restituição do Imposto de Renda e 13º salário são recursos com os quais não contamos (ou não deveríamos contar) no dia a dia. Eu ficava maluco quando via aquelas entrevistas de final de ano na 25 de Março onde todo mundo estava "queimando" o 13º salário com presentes!!

O sujeito passa o ano todo no sufoco, contando dinheiro pra passar o mês e quando finalmente se tem uma grana extra, ele vai e me compra tudo de presente. Isso só mostra o despreparo da maior parte da população brasileira quanto à gestão das próprias finanças. Não é à toa que a maioria das pessoas que recebem grandes "boladas" na mega sena ficam pobres novamente poucos anos após o recebimento do prêmio.

Faça o planejamento dos seus gastos levando em conta somente os seus ganhos previstos, tais como seu salário ou média de rendimentos (caso você seja autônomo). Vendas extras, horas extras, restituições de imposto, dividendos e juros sobre capital são rendas extras, logo, não precisamos delas para nos manter. Assim que elas entrarem na conta, mande-as direto para seu investimento para não ter tempo de arrumar um pretexto para gastá-las.

Hack #32 Tenha uma reserva de emergência

Seu primeiro objetivo financeiro deve ser criar um fundo de emergência para se prevenir contra as adversidades da vida. Seja um mês ruim nas vendas, desemprego ou doença, você deve ter sempre, no mínimo, o equivalente a 6 meses dos seus gastos mensais.

A cultura brasileira é imediatista para o consumo e não tem muita preocupação em ter uma reserva de emergência. De acordo com uma pesquisa do Datafolha referente a 2017, cerca de 65% dos brasileiros não tem um montante para os imprevistos. Muitos preferem priorizar o agora e comprar o que desejam, sem se preocupar com o futuro.

A pesquisa ainda revelou que de 143 nações, estamos à frente de apenas 11 delas, ou seja, ocupamos a lanterna do ranking em termos de guardar dinheiro para o futuro.

Dessa forma, antes de começar a investir seu dinheiro, você precisa criar a sua reserva de emergência que lhe dará tranquilidade caso quaisquer eventualidades ocorram. Sua reserva deve ter duas características:

1- Manter o poder de compra do seu dinheiro.

2- Possuir liquidez (fácil acesso em caso de necessidade).

Abaixo vão alguns exemplos de investimentos para alocar o capital da sua reserva de emergência:

- Tesouro Selic

O Tesouro Selic é ideal para compor sua reserva de emergência, porque ele possui liquidez diária. Ou seja, todos os dias, os lucros estão disponíveis na sua conta.

Além disso, ele tem baixa volatilidade. Então, o preço de compra é muito próximo do preço de venda. Caso você tenha que solicitar o resgate, as perdas são pequenas.

A venda deste ativo pode ser feita a qualquer momento, pois o próprio governo faz a recompra. A liquidação se dá em D+1, isto é, em um dia útil o dinheiro estará na sua conta.

- CDB com liquidez diária

O CDB com liquidez diária é uma boa alternativa para o fundo de emergência. Como ele é emitido pelos bancos, é possível encontrar taxas de rentabilidade próximas ou maiores que o CDI.

Assim, você poderá ter uma reserva de boa remuneração e com a vantagem de resgatar o valor investido a qualquer momento. Diferentemente do Tesouro Selic, a liquidação pode ocorrer no mesmo dia.

Outro ponto positivo do CDB com liquidez diária é a garantia do FGC (Fundo Garantidor de Crédito) para valores de até R$ 250 mil.

Caso o emissor quebre, você não perde o que investiu, ou seja, o seu fundo de emergência estará seguro.

- LCI e LCA com liquidez diária

As LCI (Letras de Crédito Imobiliária) e a LCA (Letras de Crédito do Agronegócio) são títulos de renda fixa do setor privado. A taxa de rentabilidade é semelhante ao CDB, bem como, o princípio de funcionamento.

Porém, esses ativos têm uma vantagem muito atrativa para o seu fundo de emergência, que é a isenção de tributos.

Assim, os rendimentos brutos são iguais aos líquidos. Então, você conta com bons rendimentos, facilidade no resgate e ainda a ausência de taxas.

No entanto, é preciso simular o investimento. Muitas vezes, a rentabilidade de ativos não isentos é superior aos isentos, mesmo com o desconto de taxas.

- Fundos de renda fixa

Os Fundos de renda fixa são carteiras que investem, no mínimo, 80% do patrimônio em títulos de renda fixa como o Tesouro Direto.

Ele apresenta o diferencial de ter um gestor profissional que faz as alocações de ativos e acompanha diariamente a aplicação. O objetivo é conseguir o melhor rendimento.

Por ser composto por títulos de renda fixa, os retornos, geralmente, são próximos ao CDI. Os melhores fundos conseguem desempenhos bastante atrativos.

Para o fundo de emergência, o ideal é que esta aplicação tenha prazo de liquidação em até D+1. Caso você precise do valor investido com urgência, não haverá transtornos.

Um ponto de atenção é que os fundos de renda fixa não possuem a garantia do FGC.Portanto, é necessário avaliar a nota de rating do emissor. Quanto maior ela estiver, menor a possibilidade de falência.

- Fundos DI

Outra alternativa para fundo de emergência é o Fundo DI. Ele é um fundo de investimento referenciado na taxa DI, que é o próprio CDI.

Assim, a composição é feita com ativos da renda fixa indexados à taxa CDI. Portanto, se você quer ter uma reserva com boa rentabilidade, esta pode ser uma opção.

Como nos fundos de renda fixa, os fundos DI também não possuem cobertura do FGC, ou seja, você precisa analisar o rating da instituição emissora.

Os fundos de investimentos possuem taxa de administração. Alguns deles têm a taxa de performance. Elas devem ser consideradas antes de investir, com o intuito de saber se os rendimentos superam as despesas.

Hack # 33 Busque outras fontes de renda

Existe um ponto em comum entre pessoas financeiramente bem-sucedidas. Elas conseguiram acumular riquezas construindo múltiplas fontes de renda durante a vida. O oposto também é verdade, uma vez que as pessoas que menos prosperam financeiramente são justamente aquelas que passam a vida inteira com apenas uma única fonte de renda, que costuma ser um emprego.

Ter várias fontes de renda é o grande segredo para enfrentar a instabilidade que existe na essência de qualquer fonte de renda. Não existe nenhuma fonte de renda 100% segura e eterna. As pessoas mais prósperas entendem essa realidade e no decorrer da vida criam um plano B ou até um plano C, D ou E para enfrentar imprevistos e instabilidades na sua fonte principal de renda.

Hoje em dia vivemos na era das *startups* que otimizam ao máximo o potencial da economia colaborativa. Diversos sites como Uber e Airbnb, facilitam a obtenção de renda extra. Eles conectam pessoas que buscam oferecer serviços e compartilhar bens em troca de uma remuneração a outras que estão dispostas a pagá-las por isso e até preferem, já que os valores cobrados podem ser mais atrativos.

Esses sites não inventaram a roda, eles apenas facilitam a busca de alguém interessado em pagar por algo que já poderia ser convertido em renda extra muito antes de a internet surgir, como cuidar de um cachorro, por exemplo. Então, para não ter desculpa, vamos falar sobre algumas formas de conseguir renda extra com o que você já tem em mãos

1) Alugue seu imóvel

O aluguel é uma velha alternativa para ampliar a renda, mas com a criação do Airbnb conseguir um hóspede ficou muito mais fácil. Ainda mais considerando que basta ter um sofá para se candidatar como um anfitrião.

A renda extra com o aluguel pode partir de 36 reais, preço da diária mínima definida pelo site, até mais de 450 mil reais, que seria o valor obtido com o aluguel por 30 dias de uma das hospedagens mais caras do Airbnb no Brasil, um apartamento na Gávea, no Rio de Janeiro, cuja diária passa dos 15 mil reais.

2) Transporte pessoas

O Uber talvez seja a fonte de renda extra mais popular desta lista. Qualquer pessoa com carteira de habilitação profissional, um smartphone com sistema iOS 7 ou com Android 4.0 e um carro fabricado a partir de 2008 com quatro portas, cinco lugares e ar-condicionado pode virar parceiro da Uber.

4) Dê uma carona

Se você costuma viajar com seu carro e sempre tem pelo menos um assento vazio, você tem em mãos – ou no banco do seu carro – outra forma de ampliar sua renda no fim do mês.

Entre os sites que fazem o meio de campo entre os motoristas e as pessoas que buscam caronas está o BlaBlaCar. A empresa faz questão de ressaltar que a intenção do site não é gerar lucro com a carona, mas apenas reduzir os custos do usuário.

Para se cadastrar no BlaBlaCar, basta informar o itinerário, a data e hora da viagem e pedir uma participação nos custos da viagem para cada passageiro.

5) Alugue qualquer coisa

Existem diversas plataformas que conectam pessoas que precisam de um determinado item, como uma câmera fotográfica ou roupa, a pessoas que topam disponibilizá-los para estranhos em troca de uma graninha extra.

No Alooga, por exemplo, é possível disponibilizar para aluguel câmeras, sobretudos, drones e o que mais sua imaginação permitir. Os preços são definidos pelo próprio usuário. Um controle do XBox, por exemplo, é alugado por 7 reais, enquanto o aluguel diário de uma Canon 6D custa 160 reais. O site cobra uma taxa de 15% mais 0,30 centavos por transação.

O site Rent for All também reúne produtos para locação, como artigos para casa e escritório, itens para festas e eventos e acessórios e vestidos de luxo.Os planos de assinatura podem custar até 90 reais por mês. Apenas o primeiro anúncio postado no site não tem custo.

6) Cobre por encomendas de viagem

Se você costuma viajar para fora com frequência e as encomendas cada vez são mais frequentes, que tal cobrar por isso? Afinal, encontrar aquele creme antirrugas que a irmã da sua sogra pediu nem sempre é fácil, além de levar tempo.Caso você goste da ideia, mas se sinta desconfortável em fazer esse tipo de cobrança, existem sites que fazem isso por você.

No Stuff in Bag, o usuário cadastra sua viagem e se coloca à disposição para comprar produtos e trazê-los a alguém. Na outra ponta, usuários fazem encomendas e estipulam o preço máximo que podem pagar pelo produto pedido.

Assim, o viajante pode aceitar ou não realizar a encomenda se encontrar o item pedido no valor estipulado pelo interessado.

7) Alugue sua bike ou prancha

Sua bicicleta anda parada ou você tem uma prancha, mas não se lembra da última vez que viu o mar? Que tal tirar a poeira delas e ainda ganhar um dinheiro de quebra? No site Spinlister é possível anunciar bicicletas, equipamento para surf e esqui para aluguel.

O locador fornece dados do equipamento e, antes de ser cadastrado no site, o anúncio é analisado pela equipe da plataforma. Posteriormente, ele recebe notificações de pessoas interessadas no aluguel e aceita ou não o pedido. Caso aceite, o usuário paga então o valor do aluguel e o site repassa o pagamento ao locador após o término da reserva.

8) Seja goleiro

Se você joga como goleiro, sempre foi altamente concorrido nas peladas, mas em troca de suas disputadas defesas não recebeu mais do que um tapinha nas costas e algumas boas boladas, isso pode mudar.

A startup Goleiro de Aluguel conecta times que buscam um goleiro para suas peladas a pessoas interessadas em pegar no gol, por uma graninha, claro. O time interessado no goleiro paga 30 reais por partida, sendo que 18 reais ficam com o goleiro e outros 12 reais vão para o site, que repassa parte do valor a projetos sociais. Ao jogar três partidas por semana são 216 reais a mais por mês. O valor pode não ser tão alto, mas considerando que você costuma pagar para jogar bola, em vez de receber, pode valer a pena.

9) Cuide de um cachorro

Cuidar de um cachorro é uma forma de renda extra conhecida há tempos, mas é claro que também já existe um site que faz a conexão entre os donos dos pets e os anfitriões dispostos a hospedar os bichinhos.

No DogHero o anfitrião deve concordar em ter um canal de contato aberto com o dono durante todo o período da hospedagem e precisa manter a rotina de alimentação e passeio do animal. O site cobra uma taxa de 25% do valor da hospedagem.

No Pethub também é possível anunciar casas para hospedar bichos de estimação por custos que partem de 25 reais por noite. Cada usuário cobra o preço que quiser e a plataforma cobra do anfitrião uma taxa de 15% do valor do aluguel.

Em ambos os sites, os usuários avaliam os cuidadores. Assim, quanto melhores as avaliações, maiores as chances de conseguir hospedagens e por valores mais atraentes.

10) Alugue sua vaga de garagem

"Imagine poder aumentar sua renda sem fazer nada... Quer dizer você precisa se cadastrar no aplicativo, mas em apenas 2 minutos e 17 segundos você já vai estar podendo lucrar com sua vaga ociosa". Essa é a descrição do site ezPark, que permite aos usuários obterem uma renda extra alugando vagas de garagem.

CAPÍTULO 6 – HACKEANDO seus investimentos

Agora que você aprendeu como hackear o seu bolso e sua mente, vou te ensinar a hackear os seus investimentos. Investir é uma tarefa fácil, porém não é uma tarefa simples, por isso iniciaremos do básico e depois iremos evoluindo até as opções mais complexas.

Hack #34 Empreste seu dinheiro

Não, não é para você sair por aí oferecendo dinheiro para o seu amigo, vizinho ou cunhada. O objetivo desse livro é te tornar um investidor e não um agiota.

Emprestar o capital que você tem guardado te rende uma boa grana e não te dá tantos cabelos brancos como outras opções de investimento.Isso porque, o empréstimo de recursos te proporciona certa previsibilidade dos ganhos ao longo do tempo. Então, se você quer ganhar uma grana fácil, preste bastante atenção nesse hack.

Como qualquer outra empresa, os bancos, as instituições financeiras e até mesmo o governo, precisam captar recursos para financiar projetos e continuar em atividade. É aí que entra o investimento em Renda Fixa.Investir em Renda fixa é como emprestar seu dinheiro para essas instituições. Então, elas utilizam o dinheiro para financiar suas atividades e, em troca, devolvem o dinheiro acrescido de uma taxa de juros.

Veja abaixo como isso funciona:

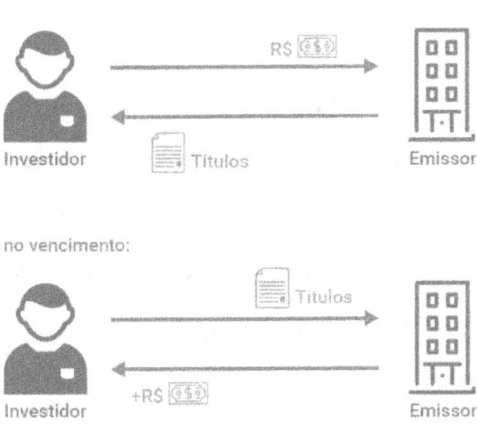

Dinâmica - Renda Fixa

Você empresta dinheiro à instituição e recebe um título. Ao final do prazo, você recebe o dinheiro somado aos juros.

O mais legal é que a Renda Fixa possui diversos tipos de títulos. Por isso, você tem inúmeras possibilidades de investir. Você pode escolher um título que tenha mais a ver com seu perfil, objetivos, com o momento que você está vivendo e, até mesmo, combinar várias modalidades em uma carteira de investimentos diversificada.

O que muita gente não sabe é que essa diversificação pode proporcionar ainda mais segurança e rentabilidade.Por isso, antes de começar a investir, você precisa conhecer melhor as opções de investimento. Assim, você poderá escolher o melhor título para o seu objetivo nesse momento.

Abaixo estão listados as opções de investimento em Renda Fixa com as suas principais características.

1) CDB

A sigla CDB vem de Certificado de Depósito Bancário, que é um título de renda fixa emitido por bancos para captar dinheiro e financiar suas atividades. Em troca deste empréstimo de recursos ao banco, o mesmo irá devolver ao investidor a quantia aplicada mais o juro acordado no momento do investimento.Este é um investimento que, além de ser tão seguro quanto a poupança, tem uma rentabilidade maior, podendo chegar ao dobro.

Existem três tipos de CDB: pré-fixado, pós-fixado e híbrido. A principal diferença entre eles é como a rentabilidade do título é determinada.Nos CDBs pré-fixados, a taxa de juros já é definida no momento da aplicação, sendo possível determinar quanto renderá o investimento antes do vencimento do prazo do título.No caso dos CDBs pós-fixados, a rentabilidade é determinada através de um percentual sobre um índice, como o Certificado de Depósito Interbancário (CDI). Assim, se seu CDB usar a taxa CDI como referência, o retorno esperado poderia ser 110% do CDI no período de investimento sobre o valor inicial aplicado.O CDB híbrido nada mais é que uma união do CDB pré-fixado com o pós-fixado: uma parte da rentabilidade é estabelecida no momento da aplicação e a outra parte é atrelada a um índice econômico, como o IPCA. Por exemplo, o rendimento do título seria calculado da seguinte forma: IPCA + 5% ao ano.

Outra grande vantagem do CDB é a garantida pelo FGC (Fundo Garantidor de Crédito) até o limite de R$ 250 mil. Isso quer dizer que, caso a instituição bancária onde você investe tenha problemas e, na pior das hipóteses, "quebre", o FGC garante até este limite aplicado. Portanto, é como se você contasse com um "seguro" contra perdas. Se você pensa em investir mais do que R$ 250 mil, a dica é optar por vários títulos de instituições diferentes. Assim, você poderá garantir um retorno mais elevado em um investimento cujo risco continuará muito baixo.

2) CRI & CRA

Os Certificados de Recebíveis (CRI e CRA) são modalidades de investimento que vêm chamando a atenção de muitos investidores ultimamente. O CRI (Certificado de Recebíveis Imobiliários) é um investimento destinado a financiar transações do mercado imobiliário, semelhante a LCI (Letra de Crédito Imobiliário). Ou seja, você compra um título e "empresta" seu dinheiro ao emissor desse título. Como compensação, você recebe o que emprestou com juros e correção monetária. Isso acontece dentro de um prazo combinado no momento da compra.

O CRA (Certificado de Recebíveis do Agronegócio), por sua vez, é bastante parecido com o CRI. A maior diferença é que ele está ligado ao setor de agronegócio. Por isso, pode-se dizer que ele tem algumas semelhanças com a LCA (Letra de Crédito do Agronegócio)

É importante ressaltar que o CRI e CRA são aplicações voltadas para quem já investe no mercado e está acostumado a investir valores mais altos, como profissionais certificados ou membros de clubes de investimentos. Então, pra você que está começando foque apenas em aprender do que se trata e se preparar para futuros possíveis investimentos.

Em relação à rentabilidade do CRI e CRA, é possível encontrar 3 tipos de títulos, pré-fixado, pós-fixado e híbridos, que funcionam de forma similar ao explicado acima no CDB.

Diferentemente de outras aplicações em renda fixa, CRI e CRA **não contam com a proteção do FGC** (Fundo Garantidor de Créditos), ou seja, caso a empresa que emitiu esses títulos não consiga honrar seus compromissos financeiros, você não terá aquela proteção do governo de até R$ 250 mil. Por isso é preciso uma boa análise e/ou ajuda profissional, antes de investir nesses certificados. Sem um planejamento adequado, você pode acabar adquirindo títulos que não se encaixam em seu perfil. Portanto, é fundamental conhecer bem o investimento antes de aplicar seu dinheiro.

3) LCI & LCA

A LCI (Letra de Crédito Imobiliário) e a LCA (Letra de Crédito do Agronegócio) são dois tipos de investimento em renda fixa isentos de Imposto de Renda que costumam garantir retornos bem superiores ao da caderneta de poupança. Do ponto de vista do investidor, não faz muita diferença investir em LCI ou LCA – geralmente é melhor optar pelo papel mais rentável.

A LCI é um título de renda fixa emitido por um banco e lastreado por empréstimos imobiliários. Os títulos podem ter rentabilidade pré ou pós-fixada – ou seja, o investidor pode saber exatamente quanto vai receber durante o tempo de aplicação ou então terá um retorno que flutuará de acordo com as taxas de juros praticadas no mercado.Entre as principais vantagens da aplicação, está o fato de ela ser isenta de IR (Imposto de Renda), o que garante uma rentabilidade líquida maior, principalmente no longo prazo.

Do ponto de vista do investidor, não há diferença entre investir em LCI ou LCA – o que muda é o lastro do papel. As LCA (Letras de Créditos do Agronegócio) são títulos emitidos por bancos garantidos por empréstimos concedidos ao setor de agronegócio. Esses títulos foram criados pelo governo com objetivo de ampliar os recursos disponíveis ao financiamento agropecuário.A rentabilidade da LCA pode ser definida por taxa de juro pré ou pós-fixada, da mesma forma que a LCI.

A principal desvantagem tanto da LCI quanto da LCA é a liquidez, já que estes títulos só podem ser resgatados no vencimento e o dinheiro não poderá ser movimentado até lá. Por isso é sempre importante adequar a aplicação ao seu objetivo. Se você está investindo para comprar um carro daqui a um ano, por exemplo, escolha um papel com vencimento em um ano.

4)   LC

Apesar de ainda não ser muito popular, os investidores que saíram na frente e já investem em Letra de Câmbio, estão ganhando dinheiro.Trata-se de um título de renda fixa muito semelhante ao CDB. A principal diferença entre o CDB e a LC é que o primeiro é emitido por um banco e a segunda, por financeiras.

Como qualquer renda fixa, a ideia é a mesma: você empresta o dinheiro, seja para o banco ou financeira, e em troca recebe o valor emprestado e mais uma remuneração em uma data definida no momento da aplicação.O rendimento pode ser atrelado ao CDI ou combinado com uma taxa fixa mais o IPCA, sendo ele pré-fixado, pós-fixado ou híbrido, assim como no CDB.

As LCs também são garantidas pelo FGC, dessa forma você conta com um seguro contra calote de até R$ 250 mil.

5)   LF

A Letra Financeira é uma modalidade de investimento criada em 2010 pelo Governo a fim de permitir aos bancos a captação de recursos de longo prazo, o que os protege em caso de crise, por exemplo. A LF é uma aplicação que busca recursos de **longo prazo**, a partir de dois anos, onde o investimento tem um valor mínimo de R$ 150 mil, incidência da menor alíquota do Imposto de Renda (15%) e alta rentabilidade, normalmente pós-fixada. Uma das grandes desvantagens da LF é não possuir garantia do FGC, logo se a instituição emissora quebrar, você ficará com as mãos abanando.

Assim como o CRI & CRA, a LF é uma aplicação voltada para quem já investe no mercado e está acostumado a investir valores mais altos, como profissionais certificados ou membros de clubes de investimentos. Então, se você está começando agora, lembre-se, menos é mais.

6)   Títulos Públicos Nacionais

Por último, mas não menos importante, os agora tão falados, Títulos Públicos.Os títulos emitidos pelo Governo, por meio do Tesouro Nacional, são uma forma do governo captar dinheiro para a sua gestão, como, por exemplo, para as áreas da saúde, educação e infraestrutura.Esses títulos rendem mais do que a Caderneta de Poupança, Fundos de Investimento DI e de Renda Fixa oferecidos pelos bancos. Aliás, estes títulos são exatamente os mesmos que os bancos compram, com o seu dinheiro, quando você aplica em fundos de renda fixa, DI ou até mesmo na sua previdência privada.Com um aporte inicial de R$ 30, isso mesmo 30 reais, qualquer pessoa pode se tornar um investidor e é essa característica que torna os Títulos Públicos tão atraentes e populares.

Existem alguns tipos diferentes de Títulos disponíveis no mercado e podemos dividi-los em pré e pós-fixados. Abaixo vamos comentar os principais detalhes de cada um.

Título	Rendimento	Ren
Prefixados		
Tesouro Prefixado 20XX (LTN)	Taxa Contratada	So
Tesouro Prefixado com Juros Semestrais 20XX (NTN-F)	Taxa Contratada	Sem
Pós-fixados indexados à Inflação		
Tesouro IPCA$^+$ 20XX (NTN-B Principal)	IPCA + Taxa Contratada	So
Tesouro IPCA$^+$ com Juros Semestrais 20XX (NTN-B)	IPCA + Taxa Contratada	Sem
Pós-fixados indexados à Taxa Selic		
Tesouro Selic 20XX (LFT)	Selic + Taxa Contratada	So

1) Tesouro Pré-fixado (LTN)

Você sabe exatamente a rentabilidade que irá receber se mantiver o título até a data de vencimento, uma vez que a taxa de juros é determinada na hora da compra. Porém, para simplificar, não importa qual a taxa de juros ou prazo da LTN que você escolheu, pois para cada unidade de título, o valor bruto a ser recebido no vencimento é de R$1.000,00. Sendo assim, se você pagou R$ 480 reais na unidade do título, na data de vencimento você irá receber R$ 1000,00 por ele.

2) Tesouro Prefixado com Juros Semestrais (NTN-F)

Na compra desse título, você concorda com uma taxa anual que será paga pelo dinheiro emprestado anualmente, mas diferentemente da LTN, a NTN-F paga juros de 6 em 6 meses. Para ficar mais fácil o entendimento, vamos ao exemplo.

Se você investiu R$100.000,00 em uma NTN-F com juros de 10% ao ano, o valor bruto a receber é de R$ 5000,00 a cada 6 meses, até a data de vencimento do título.

3) Tesouro IPCA (NTN-B Principal)

Esse tipo de título é o que chamamos de misto ou híbrido, em resumo, o rendimento deles é precificado por uma taxa prefixada e outra pós-fixada, sendo o título ideal para investimentos de longo prazo, uma vez que é único título que protege o capital investido da inflação. Antes do exemplo é importante ressaltar que para garantir o recebimento integral das taxas de juros (pré e pós) deve-se manter o título até a data de vencimento, em razão dos valores variarem (para mais ou para menos) durante o período de vigência. Vamos ao exemplo:

Você investiu R$100.000,00 em uma NTN-B principal, que terá vencimento em 15 anos, sendo que a taxa acordada no momento da compra foi de 5% ao ano. Supondo que a inflação tenha ficado em uma média de 4% ao ano durante esses 15 anos, sua taxa final será de 9% ao ano. O saldo final na sua conta seria de um pouco mais de R$ 360.000,00, isso, lógico, supondo que você não irá fazer nenhum aporte mensal. Se levarmos em consideração um aporte de R$ 500,00 por mês, no final das contas, você terá aproximadamente R$ 550.000,00 na conta. O tal de juros composto é bacana demais.

4)   Tesouro IPCA com juros semestrais (NTN-B)

O conceito é o mesmo da NTN-B Principal, porém a taxa de juros acordada no momento da compra é paga semestralmente, ou seja, o juro composto não é tão benevolente nessa opção. Porém, eu considero um bom título para quem deseja uma renda mensal sem ter que se preocupar com a depreciação do valor principal.

5)   Tesouro Selic (LFT)

De longe essa é opção mais estável de todos os títulos disponíveis. Como o próprio nome diz, esse título é basicamente o reflexo da taxa Selic, o que garante no final do dia um pouco mais de 100% do CDI. Eu indico essa modalidade de título para quem está construindo uma reserva de emergência ou que seja ultra conservador.

Hack #35 Tempere um pouco mais a mistura

Já pensou em ser sócio de uma grande empresa, como o Itaú, Ambev, Petrobras, Gerdau ou Embraer? Sim, isso é possível. Basta você comprar um lote de ações de uma dessas empresas e pronto. Você se torna um dos donos!

Pra você entender melhor como isso funciona, eu tenho que explicar o que são ações.

Ações são títulos emitidos por empresas que desejam principalmente captar recursos para desenvolver projetos que viabilizem o seu crescimento.As ações podem ser de dois tipos, ordinárias ou preferenciais, sendo que a principal diferença é que as ordinárias dão ao seu detentor direito de voto nas assembleias de acionistas, e as preferenciais permitem o recebimento de dividendos em valor superior ao das ações ordinárias, bem como a prioridade no recebimento de reembolso do capital.

Comprar ações é um processo bem simples. Basta abrir uma conta em uma corretora (XP investimentos, RICO, Clear, etc.), transferir o valor que você deseja investir e realizar a comprar através da plataforma da corretora que você escolheu.

Hack #36 Deixe sempre espaço para um pouco de pimenta

Assimetria é o nome do jogo, quando se trata de investimentos "apimentados", ou seja, se você perder, perde pouco, mas se ganhar, ganha muito, muito mesmo. Investimentos como criptomoedas, startups ou opções podem constituir uns 5% do portfólio de investimentos.

Esses investimentos são de risco altíssimo, por isso o volume investido neles deve ser muito baixo, uma vez que a chance de perder é bem alta.

Mas vamos lá,quando você é feliz com desses investimentos, seu capital alocado pode subir 1000x da noite para o dia, ou seja, se você tinha 50 reais investidos, boom, você pode acordar com + R$ 50.000,00 na sua conta.

Hack #37 Fuja do seu banco

De verdade, se você está comigo até aqui, só tenho uma coisa a acrescentar, CORRA DO SEU BANCO!!

Banco são estruturas robustas, feitas para tirar cada centavo possível de pessoas como eu e você, por isso você deve investir neles (ITSA4, ITUB4) e não com eles (seu gerente). Dificilmente seu banco irá ter taxas menores do que as corretoras, uma vez que as corretoras possuem uma estrutura mais enxuta. Então pense 8 vezes antes de investir no fundo que seu gerente te indicou, se você fizer uma pesquisa rápida verá que as taxas cobradas pelo seu banco são o dobro (ou mais) do que é praticado pelo mercado.

Hack #38 Aprenda, aprenda, aprenda

A falta de conhecimento custa caro, muito caro. É como a famosa frase de Derek Bok diz: "Se você acha que a educação é cara, experimente a ignorância.".

O aprendizado contínuo é a única forma de se afastar da manada, de não falhar como a maioria. Quando você não sabe de algo, você não pode mudar. Por isso se mantenha "afiado" adquirindo e aplicando novos conhecimentos constantemente. Para você ter uma idéia da importância que o aprendizado tem para sua vida, veja abaixo um breve resumo da pesquisa realizada por Thomas Corley.

"88% dos ricos lêem 30 minutos ou mais todos os dias para autoeducação, seja para crescer na carreira ou para desenvolvimento pessoal. Perto de 85% lêem dois ou mais livros educacionais ou relacionados com a carreira e auto desenvolvimento todo mês, contra apenas 15% dos pobres."

Por isso, mantenha o sangue circulando e sua mente cheia de novos conhecimentos!

Grande abraço,

Israel.